LA JUSTICE DE PAIX

TRIBUNAL DE DROIT COMMUN

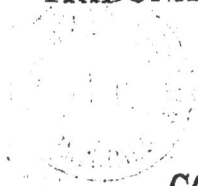

CONTRIBUTION

A LA

RÉFORME JUDICIAIRE

PAR

L. DUCOUYTES,

Greffier de paix à Marmande,
Secrétaire général de la Commission centrale des Greffiers de justice de paix
et des Tribunaux de simple police,
Directeur du journal " *Le Greffier*".

BORDEAUX

IMPRIMERIE J. DURAND

20, rue Condillac, 20

1896

LA JUSTICE DE PAIX

TRIBUNAL DE DROIT COMMUN

LA JUSTICE DE PAIX

TRIBUNAL DE DROIT COMMUN

CONTRIBUTION

A LA

RÉFORME JUDICIAIRE

PAR

L. DUCOUYTES,

Greffier de paix à Marmande,

Secrétaire général de la Commission centrale des Greffiers de justice de paix
et des Tribunaux de simple police,

Directeur du Journal " *Le Greffier*".

BORDEAUX

IMPRIMERIE J. DURAND

20, rue Condillac, 20

—

1896

A Messieurs les Sénateurs et Députés
Aux Candidats au Sénat

L'examen des cahiers électoraux nous permet d'affirmer qu'au nombre des réformes le plus impatiemment attendues figure la diminution des frais de justice par la simplification de la procédure.

(Projet de loi par MM. Maurice Lasserre, Darlan, Mougeot, Guyot-Dessaigne, Million, 1891).

Les élections sénatoriales vont permettre à l'opinion publique d'émettre son avis sur les questions qui importent le plus au développement de nos facultés.

La République, aujourd'hui maîtresse de ses destinées, doit rompre définitivement avec les traditions du passé qui lui ont légué des institutions surannées, mal adaptées aux besoins de notre société moderne, souvent même contraires aux principes de liberté et d'égalité dont nous nous réclamons parce qu'elles étaient la conséquence d'un état social tout différent.

Il y a plus de trente ans que les esprits les plus sérieux ont admis l'utilité de refondre notre Code de procédure civile, de remanier notre organisation judiciaire en prenant pour base la justice de paix.

Pourquoi la justice de paix?

Parce que seule, elle est une magistrature vraiment démocratique, et répond aux conditions qu'un peuple libre doit exiger d'une justice rapide et populaire.

La justice est une dette de la société, si elle n'est pas gratuite, dans son principe, elle sera contraire à l'égalité, et celle-ci ne sera réelle qu'à la condition, déclarait la Constituante en 1790, que la justice soit à la portée de tous, sinon elle favorisera la domination du plus fort sur le faible.

Si je poursuis devant la justice de mon pays la réparation du tort qui m'a été causé, aussi faible qu'il soit, n'est-ce pas un acte d'utilité sociale que j'accomplis? Le jugement que j'obtiendrais en précisant l'application de la loi ne devient-il pas un instrument de paix et de concorde en arrêtant dans leur germe des contestations de même nature.

En demandant justice non seulement j'ai exercé mon droit, mais on pourrait ajouter : Vous avez rempli un devoir.

C'est pour cela que la gratuité ou tout au moins la réduction de plus en plus grande des frais de justice a toujours figuré au programme du parti républicain.

Après la suppression des justices seigneuriales, la création des justices de paix fut accueillie comme un véritable bienfait et leur institution bientôt imitée dans l'Europe entière.

Magistrats paternels et familiaux, les juges de paix, placés au seuil du temple de Thémis, empêchent les plaideurs téméraires ou imprudents d'y pénétrer.

La conciliation dans toutes les petites causes, dans les multiples froissements du contact journalier, l'apaisement des esprits, une justice rapide et peu coûteuse, tels sont les résultats de l'œuvre de la Révolution.

A peine l'organisation des justices de paix était-elle terminée que déjà la confiance qu'inspiraient les nouveaux magistrats, l'autorité qu'ils avaient acquise, faisaient augmenter leur compétence dès 1791.

En 1806, la Cour de cassation demandait que leur compétence fut portée de 50 à 200 francs, vœu qui ne devait être réalisé qu'en 1838.

Les lois des 25 mai 1838 et 5 mai 1855 marquèrent un progrès considérable, mais combien la société elle-même s'était plus profondément modifiée : les progrès des sciences, l'instruction devenue l'apanage de tous, les facilités plus grandes dans les communications d'un lieu à un autre, la transformation de la fortune publique par le développement si considérable de la richesse mobilière, tandis que la fortune immobilière, la seule qui existât autrefois, perdait de sa puissance par son extrême division et amenait par là même un plus grand nombre de litiges.

A une société nouvelle, il fallait des institutions nouvelles.

Le cadre tracé par les lois de 1838 et 1855 est depuis longtemps reconnu insuffisant.

Les peuples voisins nous ont devancés dans la voie du progrès et ont su faire une meilleure application des principes que nous avions les premiers formulés. Les projets de loi se sont accumulés depuis vingt-cinq ans autour du Code de procédure civile ; cet assaut dirigé par les hommes les plus éminents est demeuré vain.

Nous avons laissé subsister immuable dans ses dispositions barbares, tyranniques, ruineuses le Code de procédure, imitation à peine mitigée de cette ordonnance royale de 1667, où s'étalait la fiscalité la plus impudente, qui avait fait des plaideurs, taillables et corvéables à merci, le trésor sans cesse renouvelé qui subvenait aux fantaisies du Grand roi.

Si le Code civil est un admirable monument de l'esprit humain, préparé et inspiré par l'œuvre des philosophes du XVIII° siècle, par contre, le Code de procédure civile porte encore la marque indélébile des procureurs de l'ancien régime.

Nos lois de procédure et de compétence sont aujourd'hui les plus anciennes de l'Europe, les retouches que nous y avons faites n'en ont modifié ni le fond, ni l'esprit qui les a dictées.

La procédure civile a partout suivi l'évolution de notre société plus civilisée, dont les institutions doivent se perfectionner comme elle.

« Dans un grand nombre de pays d'Europe, des » codes nouveaux, plus simples, en meilleure harmonie » avec l'état social, ont été achevés et promulgués. » (A. Dubost. *Projet de réforme du Code de pr. c.* 1894.)

En France, les frais qui sont le résultat de l'application de notre Code de procédure civile entravent la diffusion de la fortune publique. Les délais, les formalités qu'il impose, sont contraires au principe posé par la Révolution : la justice doit être prompte et gratuite.

Des hommes d'Etat, d'éminents jurisconsultes, ont depuis longtemps préparé, par leurs travaux, la refonte du Code de procédure en réorganisant notre système judiciaire qui aurait à sa base la justice de paix.

Après des fortunes diverses, il semblait que ces propositions allaient enfin se traduire, en 1891, par la loi sur les justices de paix.

La réduction notable des frais de justice que cette loi comportait aurait été la gloire de cette législature, de même que les lois sur l'enseignement et sur l'égalité du service militaire avaient suffi pour désigner les Chambres qui les avaient votées à la reconnaissance du pays tout entier.

Le Parlement a laissé son œuvre inachevée et la question se pose à nouveau devant l'opinion, rendant vaines les manifestations favorables à cette réforme dans plus de soixante départements par les programmes électoraux, les délibérations des Conseils généraux et d'arrondissement, des Conseils municipaux et de la Chambre elle-même qui en avait adopté le principe.

L'extension de la compétence des juges de paix serait accueillie avec reconnaissance par les populations agricoles et ouvrières qui ont si souvent recours à ces magistrats populaires.

Doit-on admettre que, par cette réforme, l'institution des juges de paix dévierait du noble but : la conciliation, que la Constituante voulait atteindre.

On ne doit pas perdre de vue que le juge de paix exerce une juridiction qui s'applique à des choses bien différentes.

Son rôle principal c'est la conciliation ; il l'obtient dans la plus large proportion : 70 pour cent des causes qui lui sont soumises.

Si, dans son prétoire, il rend la justice, il devient lorsqu'il exerce sa juridiction gracieuse l'ami, le conseiller désintéressé et éclairé des familles, des mineurs et des incapables.

Ecoutons ce que M. Renouard disait des juges de paix en 1838 :

> « Ce fut une grande pensée qui méritait de durer et
> » qui a duré en effet, que celle qui liait la nouvelle
> » organisation judiciaire à la nouvelle division du ter-
> » ritoire. Ce qui a fait la grandeur de la création des
> » justices de paix ce n'est pas d'avoir donné aux con-
> » testations de peu de valeur un juge rapproché des
> » justiciables et une procédure expéditive et peu dis-
> » pendieuse. La grandeur consiste à avoir attribué au
> » même homme le jugement des petits procès et la
> » conciliation des plus grands, à avoir placé sous sa
> » main la tutelle des intérêts de famille, à avoir concen-
> » tré sur un magistrat placé à la portée de tous et à
> » chacun des points du territoire l'universalité des
> » attributions qui constituent ce que l'on peut appeler

» la justice élémentaire rendue inséparable du maintien
» des familles et de la pacification de tous les inté-
» rêts. »

Le rôle des juges de paix dans notre organisation
judiciaire, si éloquemment défini par M. Renouard,
demeurera le même. Nous voulons même augmenter,
dans de notables proportions, leur compétence spéciale
pour la sauvegarde des intérêts des familles.

En Allemagne, en Belgique, en Hollande, en Italie,
en Russie, en Suisse, les juges de paix ont reçu à des
degrés différents, mais d'une façon bien plus développée
qu'en France, une compétence fort étendue non-seulement pour les affaires personnelles et mobilières, mais
encore, pour la plupart, en matière immobilière et
commerciale. Quelques États ont accordé la juridiction
pénale pour les délits peu importants ; enfin, chez tous
les peuples de l'Europe la juridiction non-contentieuse
des juges de paix a été augmentée, et rend à ce point de
vue d'inappréciables services par la diminution des
frais et la suppression des formalités inutiles.

Les projets de réforme du Code de procédure civile
ou d'extension de la compétence des juges de paix de
MM. Dupuy-Dutemps et Brisson ; Antonin Dubost ;
Maurice Lasserre, Darlan, Mougeot, Guyot-Dessaigne
et Million ; celui de la Commission de Réforme judiciaire dont M. Vallé est le rapporteur et plus récem-
ment encore celui de M. le sénateur Jules Godin, sont
soumis au Parlement. Le projet de M. Godin a même
été adopté en première délibération. Ils diffèrent considérablement par leurs dispositions, — celui de MM. Darlan et Mougeot n'a trait qu'à la procédure, — aussi
n'entrerons-nous pas dans leur examen.

Mais, nous appuyant sur ces propositions et sur celles
de MM. Cazot, Martin-Feuillée, Deluns-Montaud et Saint-
Romme, et Labussière qui les ont précédées, nous
allons essayer de dégager ce que devrait être la justice
de paix pour répondre aux besoins d'un état social que
ne pouvaient prévoir les législateurs de 1790 ; nous ne
ferons d'ailleurs que demander l'application, en France,
d'une réforme qui a donné en d'autres pays d'heureux
résultats.

LA JUSTICE DE PAIX, TRIBUNAL DE DROIT COMMUN.

—

Les justices de paix sont des tribunaux extraordinaires et d'exception, telle est la réponse unanime des adversaires de l'extension de la compétence des juges de paix. C'est un point d'appui pour se refuser à toute réforme ou mesurer fort chichement la dose de progrès qu'on voudrait infuser dans cette institution.

Les justices seigneuriales, les sénéchaussées de l'ancien régime étaient des tribunaux d'exception ; de nos jours, les tribunaux de commerce, les prud'hommes ont le même caractère.

On comprend fort bien que la compétence spéciale de ces derniers tribunaux permette d'ériger l'exception en principe. Mais en est-il de même pour les justices de paix ?

Quels que soient les résultats que la discussion de l'origine de cette qualification puisse donner, il est admis que la compétence des juges de paix ne s'exerce qu'en vertu de lois spéciales, de sorte, qu'il est de principe que les justices de paix n'ont pas la plénitude de juridiction, c'est-à-dire le pouvoir de connaître de toutes actions réelles, personnelles ou mobilières dans les limites de la somme fixée à leur compétence, en un mot de connaître de toutes les causes qui ont trait aux personnes et aux choses.

Une revendication de quelques mètres de terrain représentant la valeur de deux ou trois francs, une contestation sur la trace d'une ligne divisoire de deux héritages d'un intérêt encore moindre, un litige à propos d'une servitude d'une importance très minime, devront être portés devant le tribunal civil de première instance, motivant de nombreux déplacements et des frais qui représenteront cent fois la valeur des biens en cause, tandis que la loi de 1838 a donné compétence au juge de paix pour connaître, sans limite de valeur, de litiges qui intéressent gravement la fortune ou l'honneur des parties, et qu'en vertu de la loi du 18 juillet 1889 sur le colonat partiaire, vous pouvez faire juger devant votre justice de paix, presque sans déplacement et à bien moindres frais, une action en règlement de comptes et de mal-façons représentant plusieurs milliers de francs.

Voilà une des conséquences anormales de la juridiction d'exception.

Le législateur qui mesure si étroitement la compétence du juge de paix en certaines matières, qu'il lui refuse même lorsqu'il s'agit des choses de la propriété, lui a cependant donné juridiction pour des actions fort délicates, ainsi que nous venons de l'indiquer. Faut-il encore ajouter aux actions en diffamation ou injures les demandes au possessoire, les plus difficiles à juger que présente notre droit français et pour lesquelles les études juridiques les plus approfondies, la pratique des affaires ne suffisent toujours pas à trouver la solution. Et cependant on n'a pas hésité à confier aux juges de paix des questions aussi graves.

En Allemagne, en Russie, en Angleterre, en Italie, les justices de paix ou juridictions assimilées sont des tribunaux de droit commun.

Résolue affirmativement dans la proposition de MM. Dupuy-Dutemps et Brisson, la question de savoir si la plénitude de juridiction devait être accordée aux juges de paix a été posée devant la Commission de Réforme judiciaire qui n'a pas cru pouvoir l'admettre.

Voici les termes même du rapport de M. le député Vallé sur la proposition aujourd'hui à l'ordre du jour de la Chambre :

« Fallait-il conserver au juge de paix son caractère de juge d'exception que lui avait donné le législateur de 1790, c'est-à-dire le juge ne pouvant connaître que des seules matières qui lui sont expressément attribuées par la loi ?

» Fallait-il, au contraire, lui donner, tout en la limitant, la plénitude de juridiction, laquelle n'est dévolue qu'aux tribunaux d'arrondissement au premier degré et aux cours d'appel au second degré ?

» En un mot, fallait-il placer sous sa juridiction les affaires commerciales, les affaires mobilières et ce qu'on est convenu d'appeler les délits contraventionnels ?

» Les projets soumis aux Chambres en 1881 et en 1883 par MM. Cazot et Martin-Feuillée allaient jusque-là.

» Nous avons pensé qu'en l'état présent des choses, une réforme aussi importante était prématurée; elle ne tendrait à rien moins qu'à installer dans chaque canton un véritable tribunal ? »

Pourquoi hésiterions-nous à organiser en France le tribunal cantonal, avec pleine juridiction, dont l'expérience est si heureusement faite par les peuples voisins.

En Allemagne, le Code d'organisation judiciaire promulgué le 29 janvier 1877, a donné aux tribunaux de bailliage (*Amtsgericht*) qui correspondent à nos justices de paix, compétence pour les « *Contestations relatives à un intérêt pécuniaire dont l'objet n'excède pas en argent la somme de 300 marks (375 fr.).*

Et dans cette désignation sont comprises les affaires civiles et commerciales, actions possessoires et pétitoires, affaires mobilières et immobilières, affaires de successions, etc., etc.

Nous devons ajouter que ces mêmes tribunaux connaissent, sans limitation de valeur, d'actions particulièrement délicates et entre autres des demandes en dommages-intérêts pour séduction, reconnaissance de paternité, pensions alimentaires pour enfants issus d'un commerce illégitime, etc., etc.

Les contestations en matière de location, d'expulsion des lieux ; entre voyageurs et hôteliers, voituriers ; celles relatives aux vices des bestiaux leur sont également attribuées sans limitation de valeur.

Le but recherché par le législateur allemand a été de déférer aux tribunaux de bailliage toutes les causes, de quelque nature qu'elles fussent, dont la solution demandait célérité.

En Hollande, de tribunal d'exception qu'était la justice de paix, elle est devenue par la loi de 1838 une véritable subdivision du pouvoir judiciaire. Les affaires commerciales sont de sa compétence.

En Angleterre, les Cours de Comté *(County Courts)*, instituées en 1847, et qui forment le premier degré de juridiction, connaissent en premier ressort, de toutes les causes inférieures à 50 lires (1250 fr.).

En Italie, le prêteur, dont la circonscription territoriale correspond assez exactement à notre canton, est compétent jusqu'à 1500 lires (francs) en toutes matières. Il connaît des affaires commerciales.

En Belgique, les juges de paix connaissent de toutes actions, même immobilières, jusqu'à 300 fr. en premier ressort ; leur compétence est illimitée pour les actions relatives au louage des services, aux bornages, dommages aux champs, vices rédhibitoires, curage, élagage, actions possessoires.

En Russie, les juges de paix sont d'après la loi du 3 décembre 1864, compétents pour tous les litiges inférieurs à 500 roubles (2000 francs).

A notre point de vue, ce qui importe le plus, ce n'est pas de fixer le taux de la compétence à un chiffre très élevé, mais bien plutôt de doter notre organisation judiciaire d'un tribunal inférieur qui aura compétence pour connaître de tous les petits litiges qui naîtront dans sa circonscription territoriale. Ce sera le premier degré de l'échelle judiciaire.

Dans nos sociétés démocratiques, où les institutions doivent tendre de plus en plus à rendre facile à chaque citoyen l'exercice de ses droits, la justice ne doit-elle pas être aussi rapprochée que possible du justiciable. Il faut, si le litige n'a pas été arrêté par la conciliation du juge, qu'une solution soit donnée avec économie et rapidité.

Il n'est pas bon pour les mœurs publiques que des citoyens attendent pendant plusieurs années les décisions de la justice.

Un tort causé doit avoir sa réparation pour conséquence immédiate.

Quels sont les arguments opposés aux partisans de l'extension de la compétence des juges de paix ?

Le tribunal cantonal, dit-on, amènera la disparition d'un certain nombre de tribunaux d'arrondissement.

Cette perspective est loin de nous effrayer. C'est un fait prévu, inéluctable, même avec l'organisation actuelle ; quelques-uns de nos tribunaux civils, 70, croyons-nous, sont déjà agonisants, ils jugent moins de 100 affaires par an : deux par semaine!

Nous ne devons avoir qu'un but dans la recherche d'une meilleure organisation judiciaire : l'économie de temps et d'argent.

Les intérêts particuliers, aussi respectables qu'ils soient, ne sauraient faire obstacle au progrès. Jetez un regard sur les modifications accomplies depuis un siècle dans toutes les branches de l'activité humaine. Que d'intérêts particuliers méconnus, lésés, et cependant quel énorme accroissement de la prospérité publique.

La justice de paix, tribunal de droit commun, enlèverait 50,000 causes aux tribunaux civils, représentant pour le public, en économie de dépenses, six millions au moins. Cette somme peut être triplée si l'on tient compte des honoraires de toutes sortes non taxés et des pertes de temps supprimées.

Et combien parmi ces procès seraient conciliés par le juge de paix !

Il y a quelque pudeur à défendre trop ouvertement des intérêts particuliers, spéciaux à quelques personnes ou purement locaux, aussi les adversaires se retranchent-ils derrière la prétendue incapacité des juges de paix qui, affirment-ils, ne sont point préparés à juger les causes vraiment difficiles qu'une compétence trop étendue leur attribuerait.

Cette assertion ne donne-t-elle pas raison à ceux qui accusent les Français de présenter ce travers, qui consiste à dénigrer à tout propos nos institutions et nos magistrats même les plus respectables et les plus haut placés ?

Nous avons déjà dit que les juges de paix connaissent des actions les plus difficiles que le droit français présente à juger : les actions possessoires; on peut ajouter les demandes en dommages-intérêts pour diffamation et injures, ainsi que les appels électoraux qui rendent indispensable une science juridique très étendue jointe à une grande rectitude de jugement.

Si l'on consultait les statistiques, on verrait que parmi les litiges donnant lieu à appel les actions possessoires et en diffamation fournissent le plus gros contingent; or, les trois quarts des jugements rendus par les juges de paix dont il est appelé, étant confirmés, chiffre supérieur ou tout au moins égal à celui des autres juridictions, on ne peut y puiser un argument pour s'opposer à l'extension de la compétence, pas même pour demander le retour à la compétence plus limitée de 1790, ce qu'on n'a pas encore osé tenter.

C'est donc sans base sérieuse que nous entendons affirmer qu'avec l'extension les appels seront innombrables et les frais augmentés. Comment cela se produirait-il, puisque les affaires nouvelles dont connaîtront les juges de paix seront plus simples que certaines de celles qui leur sont actuellement soumises.

Les juges de paix présentent-ils donc aussi peu de garanties qu'on l'a dit ?

Depuis quinze années que les lois sur l'extension sont à l'ordre du jour du Parlement, les divers ministres de la justice — déclaration en a été faite à la tribune — se sont efforcés de nommer des juges de paix présentant une connaissance sérieuse des affaires.

C'est ainsi que M. Fallières, garde des sceaux, donnait à la Chambre, le 14 février 1891, la composition suivante de notre magistrature cantonale : 35 docteurs en droit, 582 licenciés en droit, 144 gradués en droit, 467 anciens juges suppléants, 375 anciens notaires, 109 anciens avoués, 355 anciens greffiers, 52 anciens commis-greffiers, 181 anciens huissiers, 17 anciens juges consulaires, 13 anciens receveurs d'enregistrement, 238 anciens clercs comptant plus de cinq ans de cléricature.

Soit donc 2,568 juges de paix sur 2,870 qui possédaient, en 1891, une très sérieuse connaissance des affaires.

Il n'y a qu'à consulter le *Journal Officiel* pour se convaincre que, depuis 1891, le recrutement des juges de paix en a considérablement relevé le niveau, au point de vue des garanties de capacité. Nous sommes, semble-t-il, assez éloignés des nominations « au petit bonheur » dont parlait M. Grivart, au Sénat, dans la séance du 17 novembre dernier.

Au cours de la discussion du projet d'extension de la compétence en 1891, M. Royer (de l'Aube), adversaire de cette proposition, donna lecture d'un jugement de justice de paix, véritable monument d'erreur juridique, c'était pour démontrer l'insuffisance du personnel ; or, il se trouva que l'auteur de ce jugement était licencié en droit et ancien avoué (séance du 16 février 1891).

La pierre de touche de la capacité de notre magistrature cantonale est bien plutôt dans les résultats qu'elle donne que dans des titres, nécessaires nous le reconnaissons, mais qui ne suffisent pas à faire un bon juge, on vient de le voir.

Les appels sont-ils plus nombreux devant les justices de paix que devant les autres tribunaux ? Les confirmations de jugements, sur appel, sont-elles inférieures à celles obtenues par les tribunaux civils et de commerce?

C'est là une commune mesure d'une valeur comparative indiscutable, et nous insistons de nouveau sur ce point essentiel à retenir : que les actions possessoires et pour diffamation composent la plus grosse part du nombre d'appels.

D'après le Rapport sur l'administration de la justice civile pendant l'année 1892 — le dernier publié — les juges de paix ont rendu 75,901 jugements qualifiés en premier ressort, sur lesquels appel a été formé pour 3,741, soit 4,57 pour cent ; autrement dit, sur 100 jugements, rendus à charge d'appel, les parties se sont déclarées satisfaites pour 96 !

Sur les 3,471 appels portés devant les tribunaux civils, 2,096 ont été confirmés, soit 74 pour cent.

De telle sorte que sur 100 jugements susceptibles d'appel il en a été réformé 1,80 pour cent.

Nous nous permettons de déclarer ces résultats très satisfaisants et joignons volontiers nos félicitations à celles que le Rapport adresse aux juges de paix sur le zèle, le dévouement et l'intelligence qu'ils apportent dans l'accomplissement de leur mission.

Ajoutons que les confirmations des jugements des tribunaux civils et de commerce dont il est appelé n'atteignent que 67 pour cent.

Les frais d'une demande en paiement de 3 à 400 fr. devant le tribunal civil s'élèvent à 120 ou 156 fr., selon la classe du tribunal et selon aussi qu'ils pratiquent ou non la procédure chère. (Séance du 13 février 1891, M. Cordier.)

En justice de paix, la même demande n'exigerait que 20 francs environ.

Que n'appartient-il aux parties de choisir !

Elles diraient avec nous et avec M. Fallières dans la séance de la Chambre du 14 février 1891 :

« Si les justiciables sont faits pour les tribunaux, nous » n'avons pas à insister : aucune modification ne doit » être apportée au Code de procédure, rien n'est à » changer dans nos lois.

» Si, au contraire, les tribunaux ont été créés pour » les justiciables, nous avons à nous occuper de ces

» derniers, et si le projet de loi donne satisfaction à
» leurs besoins, à leurs intérêts et à leurs droits, la
» Chambre doit se faire un devoir de le voter.

» Ainsi posée, la question se réduit à ces termes :
» Le projet de loi, dans ses lignes générales, est-il
» avantageux pour les justiciables. »

S'ils étaient consultés, les justiciables répondraient :
Les tribunaux doivent être créés pour nous; le souci
de nos intérêts nous fait demander que la justice de
paix devienne un tribunal de droit commun, à pleine
juridiction, devant lequel nous ferons juger tous nos
petits procès, rapidement et presque sans frais.

Compétence civile en matière réelle, personnelle et mobilière.

M. A. Dubost, ministre de la justice, au cours de
l'audience qu'il avait bien voulu accorder aux délégués
des greffiers de paix, le 7 mai 1894, déclarait : qu'il
concevait la justice de paix comme devant être la base
de nos institutions judiciaires, une sorte de grand bailliage, de tribunal de droit commun à compétence relativement étendue en toutes matières. Cette organisation
de la justice se compléterait par un ou deux tribunaux
par département et quelques cours d'appel.

Dans le projet de loi déposé le 6 mars 1894, M. Dubost attribuait compétence aux juges de paix non-seulement pour les actions personnelles ou mobilières
jusqu'à 300 fr. en dernier ressort et 1500 fr. à charge
d'appel, mais encore pour les actions immobilières jusqu'à 60 fr. de revenu, et les contestations relatives aux
servitudes lorsque ni le fond servant, ni le fond domi-
nant n'ont une valeur en revenu de plus de 120 francs.

La compétence en matière immobilière, pour les
petites causes, a fait l'objet de nombreuses propositions;
qu'il nous suffise de citer celles de MM. les Gardes des
sceaux Cazot, Martin-Feuillée, Brisson, appuyées par
les Commissions parlementaires de 1881 à 1885.

M. Dupuy-Dutemps, dans la séance du 17 février 1891,
demandait qu'on attribuât aux juges de paix plénitude
de juridiction; il avait surtout en vue les litiges immo-

biliers de peu de valeur, qui créent une véritable iné-
galité devant la justice, puisque pour des causes d'une
importance bien moindre que pour les contestations
mobilières, les parties doivent s'adresser à une juridiction bien plus coûteuse et surtout bien moins prompte
dans ses décisions.

Les arguments que M. Dupuy-Dutemps développa
devant la Chambre produisirent sur celle-ci une si vive
impression, que M. Labussière, rapporteur de la loi sur
les justices de paix, demanda au nom de la Commission
le renvoi de l'amendement à son examen, promettant
dans l'intervalle des deux délibérations de trouver un
texte qui donnât satisfaction à M. Dupuy-Dutemps et
répondit au vœu d'un grand nombre de députés.

Dans leur projet de 1893, MM. Dupuy-Dutemps et
Brisson attribuent aux juges de paix la connaissance
des actions immobilières jusqu'à 40 fr. de revenu, et
prennent pour base de cette évaluation le principal de
l'impôt foncier de la parcelle en litige multiplié par cinq.

S'il s'agissait d'usufruit, de nu-propriété ou de servitude le juge de paix serait compétent jusqu'à 80 fr. de
revenu.

Dans tous les projets qui ont étendu la compétence
du juge de paix jusqu'aux affaires immobilières de peu
d'importance, les auteurs se sont inspirés des considé-
rations que nous trouvons dans l'exposé des motifs du
projet de M. Dubost :

« L'intervention peu onéreuse du juge de paix au
» début d'un litige immobilier de minime importance
» pourra permettre d'arrêter des contestations trop sou-
» vent interminables ; les renseignements recueillis sur
» place fourniront le moyen de trancher à moins de
» frais en exacte connaissance de cause et sans exper-
» tise le différend qui divise les parties ».

Le projet Labussière n'admettait pas l'extension de
compétence en matière réelle ou immobilière, et cependant de la discussion de 1891, il résulte, très clairement,
que les résistances rencontrées par le projet de loi
étaient plutôt suscitées par la compétence mobilière
portée à 1500 fr. en premier ressort, disposition qui
devait enlever aux tribunaux civils un assez grand nombre d'affaires.

Ce chiffre de 1500 fr. fut cependant adopté dans la séance du 17 février 1891.

De nombreux motifs justifiaient cette compétence élevée à 1500 fr.

Les lois en vigueur accordent, dans plusieurs cas, compétence aux juges de paix jusqu'à 1500 francs à charge d'appel. Ils connaissent, par exemple, des contestations entre voyageurs, hôteliers, aubergistes, carrossiers, voituriers ou bâteliers pour frais de nourriture, de route, fournitures, salaires, pertes ou avaries jusqu'à 1500 fr. et au même taux que les indemnités de jouissance réclamées par le fermier ou locataire, des dégradations causées à l'immeuble pendant la jouissance ; et à quelque somme que la demande puisse s'élever, c'est-à-dire que le juge de paix a une compétence illimitée, indéterminée, en premier ressort, pour les actions en paiement de loyers et fermages, réparations locatives si le prix de location ne dépasse pas 400 ou 800 francs *naguère* par an selon les villes; et encore pour les actions en dommages-intérêts pour diffamation ou injures, dommages aux champs par l'homme ou les animaux, engagement des gens de travail au jour, au mois, à l'année, les contestations sur le paiement des droits d'octroi, celles relatives aux opérations de drainage, à la confiscation des marchandises et aux amendes prononcées pour fraude à la loi sur les douanes.

La limite de la compétence portée à 1500 francs n'est donc pas une innovation d'un caractère dangereux, puisque déjà elle existe et même est dépassée pour des litiges dont la solution présente de sérieuses difficultés.

En Algérie, en Tunisie et dans les colonies assimilées, les juges de paix à compétence étendue connaissent des actions mobilières et personnelles jusqu'à 1,000 francs.

Un autre argument est donné par les auteurs des diverses propositions qui ont admis ce chiffre.

On est d'accord pour élever la compétence en dernier ressort jusqu'à 300 francs, si on n'admet celle à charge d'appel que jusques au chiffre de 600 fr., par exemple, il se produira ce fait anormal : que les justiciables de 300 à 600 fr., auront la garantie d'un double degré de juridiction, puisqu'ils pourront faire appel de la sentence du juge de paix, tandis que de 600 à 1500 francs, alors que leur intérêt est plus puissant et devrait être mieux protégé, ils seront jugés sans appel par le tribunal civil.

La logique, d'accord en cela avec les garanties que l'on doit aux justiciables pour une bonne administration de la justice, semble donc concourir à faire coïncider la limite de la compétence en premier ressort des juges de paix avec celle des tribunaux civils en dernier ressort : 1500 francs.

Nous l'affirmons de nouveau, afin que ce point soit bien acquis : Il nous paraît préférable de n'élever la compétence en matière personnelle et mobilière qu'à 5 ou 600 francs. pour donner aux justices de paix plénitude de juridiction. Les inconvénients que nous avons signalés, résultant du manque de coïncidence dans le chiffre de la compétence en premier ou dernier ressort de deux tribunaux d'un degré différent, trouveront une large compensation dans la justice de paix, tribunal de droit commun.

Compétence commerciale.

La justice de paix, tribunal de droit commun, devra connaître des affaires commerciales dans les limites d'un chiffre à déterminer, prenons, par exemple, 300 fr., le taux du dernier ressort en matière civile dans le projet de réforme des justices de paix.

Une grande partie des petits litiges soumis aux tribunaux de commerce ont trait à des paiements de valeurs, à des défauts de livraison ou de conformité de marchandises dont le caractère, très apparent, est de se prêter à la conciliation des juges de paix.

Soumises à la compétence de ces magistrats la plupart de ces contestations ne franchiraient pas le cabinet du juge, des frais relativement considérables, des déplacements toujours onéreux, des retards préjudiciables seraient ainsi évités.

On n'a peut-être pas assez remarqué le nombre considérable de jugements prononcés par défaut devant les tribunaux de commerce, il s'élève à 61 pour cent, contre 36 pour cent devant les tribunaux civils.

« Cette fréquence si grande des jugements par défaut,

» dit le Rapport sur l'administration de la justice
» en 1892, s'explique par le caractère spécial des procès
» commerciaux où, en réalité, il s'agit moins souvent
» d'une opposition de prétentions juridiques à résou-
» dre que d'un simple conflit d'intérêts ou d'un retard
» apporté à l'exécution de conventions reconnues par
» toutes parties. »

Ces sortes d'affaires, ainsi caractérisées, sont donc éminemment propres à la conciliation, et combien de frais et d'ennuis de toute nature seraient épargnés aux petits commerçants s'ils pouvaient porter leurs diffé-rends devant la justice de paix.

L'objection capitale nous est connue : C'est que les juges consulaires, commerçants eux-mêmes, ont une compétence spéciale pour connaître des litiges commer-ciaux.

Cet argument est de si peu de valeur que les deux peuples les plus commerçants du monde : l'Angleterre et la Hollande n'ont jamais voulu de tribunaux de commerce. L'Italie, la Belgique, la Russie ont soumis aux juges de paix leurs petites causes commerciales.

L'Allemagne a supprimé les tribunaux de commerce en 1876.

L'objection tirée de la prétendue supériorité des juges commerçants se retourne contre ses auteurs, puisque c'est devant les juges civils qu'il est fait appel des jugements des tribunaux de commerce. Que devient alors le principe qui soutient cette institution : la com-pétence spéciale ?

D'ailleurs l'organisation de ces tribunaux est incom-plète. Sur 359 tribunaux civils, 168 jugent commercia-lement ; il n'y a que 219 tribunaux de commerce, il devrait y en avoir 391. Il n'apparaît pas que les com-merçants soient plus à plaindre dans un lieu que dans l'autre.

Si l'on tient compte du grand nombre d'affaires por-tées devant le tribunal de commerce de la Seine et ceux des cinq ou six plus grandes villes, on reconnaîtra que plus de la moitié des litiges commerciaux sont jugés par les tribunaux civils.

M. Dubarle, dans le *Code d'organisation judiciaire*

allemande, examinant les causes qui ont fait supprimer les tribunaux de commerce en Allemagne dit :

« Les tribunaux de commerce pouvaient avoir autrefois » leur utilité pratique : le droit commercial n'était pas codifié, » la loi ne reposait que sur la coutume, et la procédure se » perdait dans les lenteurs de l'instruction écrite ; le com- » merce vit de célérité et de bonne foi, il ne peut attendre ; » il lui fallait alors une procédure rapide et une juridiction » d'équité.

» Mais c'est là le passé, les temps ont marché ; les transac- » tions ne reposent plus sur de vieux usages inconnus des » légistes, on ne juge plus sur les us et coutumes, un Code » de commerce existe, il n'est pas le secret des commerçants, » et il ne s'agit aujourd'hui devant la juridiction commer- » ciale, que d'appliquer la loi écrite. Pourquoi l'application » de cette loi ne serait-elle pas donnée aux magistrats, et » faut-il être commerçant pour la comprendre ?

» Quelle est donc la supériorité du juge commercial ? » Connaîtra-t-il mieux la loi, appliquera-t-il mieux le fait que » le juge de droit commun ?

» La loi n'est appliquée que par ceux qui la connaissent » bien, et, pour la bien connaître, il faut l'avoir étudiée. Les » études juridiques s'imposent au juge commercial aussi » bien qu'au juge civil ; elles sont la condition nécessaire » d'une forte justice ; on ne peut les exiger ni les attendre » d'un négociant enlevé à son comptoir.

» Appréciera-t-il mieux le fait ? Sa compétence spéciale se » restreint et se limite à la nature de ses affaires ; lorsque le » litige s'écartera du cercle étroit de ses occupations, il sera » aussi inexpérimenté que le juge ordinaire.

» Le commerçant connaît les usages de son industrie et de » son pays ; le tribunal est appelé à connaître les usages de » tous les commerces et de tous les pays ; comme le juge » civil qui, lui aussi, en matière d'agriculture, de beaux-arts, » de construction, etc., juge des questions techniques, sans » que jamais l'insuffisance de sa justice ait été dénoncée, le » juge commercial a souvent recours à des experts, et c'est à » leurs lumières qu'il demande la connaissance du fait.

» Ainsi, ni en droit, ni en fait, la supériorité du juge » commercial ne peut être établie. »

Le caractère tout particulier des litiges entre commer- çants a été admirablement défini par Montesquieu : « Les affaires de commerce, dit-il, sont très peu sus- » ceptibles de formalités ; ce sont des actions de chaque » jour que d'autres de même nature doivent suivre » chaque jour ; il faut donc qu'elles puissent être déci- » dées chaque jour. »

N'est-ce pas ainsi que se dénoueraient devant les jus- tices de paix les petits différends commerciaux, au fur et à mesure qu'ils se produiraient, sans perte de temps et presque sans frais.

Nous ne verrions plus les petits commerçants et industriels attendre qu'on ait décidé à grand renfort de frais et d'expertises multiples la qualité et la nature des marchandises. Le juge conciliateur aurait, par ses explications désintéressées, avec l'autorité que donne la juste application de la loi, rétabli, dès le premier moment, cette harmonie qu'un simple malentendu avait troublée.

Nous ne verrions plus les employés de commerce, comptables, voyageurs qu'un différend avec le patron empêche de recevoir leurs salaires, compter avec angoisse les remises qui succèdent aux remises, les expertises suivre les incidents que l'esprit de chicane ou la mauvaise foi ont fait naître, et demeurer impuissants à subvenir aux besoins pressants de leur famille, de leurs enfants.

L'extension de la compétence en matière commerciale, accordée pour les petites causes, jusqu'à 300 fr., se présente donc comme une œuvre de progrès, comme un bienfait.

Déjà, en 1838, à la Chambre des pairs, elle avait été proposée et ne fut rejetée que pour des raisons purement théoriques, aujourd'hui sans valeur.

Cette réforme a été l'objet de plusieurs propositions de loi, notamment celles de MM. Parent, en 1871, de M. Cazot en 1881 et de M. Labussière en 1888. Acceptée par la Commission parlementaire elle fut abandonnée la veille de la discussion, sans qu'on ait fait connaître les raisons qui avaient pu inspirer cette décision.

Compétence pénale.

MM. Cazot et Martin-Feuillée, dans leurs projets de réforme déposés en 1881 et 1883, attribuaient compétence aux juges de paix pour les délits désignés sous le nom de contraventionnels, parce qu'ils résultent d'infractions à diverses lois qui ne comportent avec elles rien d'afflictif ou qui puisse nuire à la considération des personnes qui s'en rendent coupables, telles sont les lois sur les contributions indirectes, la pêche, la chasse, les octrois, les postes, la navigation, les mines, le roulage, la police des chemins de fer, la liberté de la presse et des réunions, le recensement des chevaux, les réquisitions militaires, etc., etc.

Cette même disposition se trouvait dans le projet déposé le 8 février 1883, par MM. Deluns-Montaud et Saint-Romme.

Enfin M. Darlan, aujourd'hui garde des sceaux, déclarait, dans la séance du 17 février 1891, qu'il ne verrait aucun inconvénient à confier aux juges de paix la répression de certains faits ne méritant pas une comparution désobligeante en police correctionnelle.

Il y a, en effet, dans cette réforme un intérêt aussi grand pour l'Administration de la justice qui verrait alléger ses audiences et le travail des Parquets, diminuer les frais de justice criminelle qui restent souvent à sa charge, que pour les justiciables ; les infractions commises, si elles méritent une répression, ne comportent pas cette aggravation de peine qui consiste à s'asseoir sur le banc des prévenus à côté des gens sans aveu et des malfaiteurs de profession.

La compétence pénale, pour les petits délits, a été accordée aux juges de paix dans la plupart des cantons Suisses, en Hollande, en Belgique, en Autriche.

En Allemagne, les contraventions de police et les délits d'une certaine nature, quelques-uns pouvant même donner lieu à une condamnation à trois mois de prison et 600 marks d'amende, sont jugés par les tribunaux d'échevins, présidés par le juge du bailliage (juge de paix) assisté de deux échevins.

Les échevins sont choisis, par une délégation spéciale, sur une liste dressée chaque année par l'administration municipale.

Le caractère de ce tribunal de répression doit nous frapper, il semble constituer ce petit jury correctionnel dont quelques novateurs ont timidement demandé l'organisation en France.

Compétence en matière non-contentieuse ou juridiction gracieuse

Il est à remarquer que si, depuis 1871, de nombreux projets de loi ont été déposés pour élever la compétence des juges de paix en matière contentieuse, civile ou pénale, la juridiction gracieuse ou compétence non-contentieuse a été laissée de côté.

Par contre, les pouvoirs publics saisissaient toutes les occasions de confier aux juges de paix des fonctions dont le caractère est plutôt administratif. Vint même un jour, heureusement disparu, où « ne sachant plus lui-» même s'il appartenait à la justice, à l'administration » ou à la police, le juge de paix eut à se demander si » une bonne élection n'avait pas plus de prix qu'un » bon jugement. » (*Dauphin, procureur général, Cour d'appel de Paris; discours de rentrée*, 1880.)

Cependant, même pour les affaires non-contentieuses, le champ est vaste, les réformes peuvent produire un effet aussi économique et aussi utile que celles qui ont pour objet les affaires litigieuses.

Le juge de paix, par les fonctions que la loi lui a données est le confident des familles; aimé et respecté de tous, il tient son autorité si légitime de l'ascendant que lui donnent l'intégrité de sa vie, son expérience des hommes et des affaires, la mission de paix et de désin-téressement qui est le caractère de cette belle insti-tution.

Mêlés aux actes les plus importants de la vie civile, les juges de paix sont les protecteurs, créés par la loi, des mineurs, des interdits, des absents.

Ils président aux conseils de famille, reçoivent les déclarations d'émancipation, d'adoption, les actes de notoriété, apposent et lèvent les scellés et par leur assistance à l'inventaire, lorsqu'il y en a un, semblent avoir été placés pour rappeler à tous qu'ils sont les défenseurs des intérêts des faibles et des incapables.

La juridiction gracieuse des juges de paix n'a pas subi de changements depuis la loi de 1790.

Le Code de procédure civile, où la faux des réfor-mateurs aurait dû, même à ce point de vue restreint, faire des coupes sombres, est demeuré avec ses disposi-tions barbares, fiscales, oppressives, inapplicables aux besoins de la vie moderne.

Malgré les critiques auxquelles ces formalités d'un autre âge ont donné lieu, malgré les réformes accom-plies chez les autres peuples, toute la partie du Code de procédure civile qui a trait aux ventes de biens des mineurs, aux ouvertures et dépôts de testaments, aux inventaires, aux acceptations bénéficiaires ou renonciations de successions est demeurée immuable.

Si nous rappelons les principes que nous avons développés plus haut et qui sont, de l'aveu de tous, les conditions indispensables d'une bonne administration de la justice : économie de frais, rapidité dans la solution des affaires et enfin protection des intérêts des mineurs, c'est-à-dire de la société elle-même, on devra reconnaître avec nous que les dispositions de la loi sont souvent contraires à ces principes, destructives des intérêts qu'elles ont pour but de protéger. Les réformes à accomplir sont donc aussi nombreuses qu'importantes par leurs effets.

Nous allons les examiner brièvement en prenant pour guide les projets développés par notre éminent collègue, M. Joly, greffier de paix à Versailles, aux Congrès de Versailles du 6 mai 1894 et de Nancy le 31 mai 1896.

Vente de biens de mineurs. — Malgré que la vente de biens de mineurs se rattache plutôt à la juridiction contentieuse par les incidents qui peuvent motiver une décision de justice, nous l'avons placée sous ls titre général de la compétence gracieuse ; le juge de paix pouvant être appelé, selon le rôle qui lui sera attribué, à n'exercer qu'une sorte de direction, de surveillance.

On a signalé depuis longtemps, sans y apporter un remède sérieux, l'iniquité fiscale qui consiste à prélever sur les ventes de biens de mineurs, inférieures à 1.000 fr., des droits égaux, sinon supérieurs à la valeur des immeubles vendus.

C'est ainsi qu'une vente de 500 francs donnait lieu, d'après les statistiques officielles, à 137 fr. de frais pour 100 fr. en 1887 et encore à 111 fr. 43 pour cent en 1891 (*Bulletin officiel du Ministre de la Justice*, n° 76). De telle sorte, qu'après la vente faite, d'après la loi, pour la conservation des biens du mineur, celui-ci se trouve non-seulement dépossédé de son héritage, mais reste encore débiteur pour une somme assez importante de frais.

Le *Bulletin officiel* reconnaît que les espérances de dégrèvement qu'avait fait naître la loi du 23 octobre 1884 ne se sont pas réalisées. M. Perrier, député de la Savoie, allait même jusqu'à affirmer à la tribune de la Chambre, le 13 février 1891, que les frais à la charge des mineurs étaient augmentés, par le fait de cette loi, dans une proportion considérable.

Quel avantage n'y aurait-il pas à s'affranchir des règles purement fiscales du Code de procédure civile et de décider que pour les immeubles, les fonds de commerce appartenant aux interdits, aux mineurs, dont la mise à prix fixée par le conseil de famille ne dépasserait pas 3,000 francs, la vente aurait lieu devant le juge de paix.

Dispensées des droits d'enregistrement, grévées seulement d'une remise proportionnelle qui ne représenterait que le travail réellement accompli, ces ventes seraient ainsi allégées des neuf dixièmes des droits qu'elles supportent.

La loi sait être simple lorsqu'elle le veut; nous n'en voulons d'autre preuve que la procédure établie en vertu de la loi du 20 novembre 1894, sur les habitations à bon marché, soit pour le maintien de l'indivision, soit pour l'attribution de l'immeuble en cause à l'un des héritiers.

Ouverture et dépôt de testaments. — D'après l'article 916 du Code de procédure civile : « Si, lors de » l'apposition des scellés, il est trouvé un testament » ou autres papiers cachetés, le juge de paix en cons- » tatera la forme extérieure, le sceau et la suscription » s'il y en a, paraphera l'enveloppe avec les parties » présentes, si elles le savent ou le peuvent, et indi- » quera les jour ou heure où le paquet sera par lui » présenté au président du tribunal de première ins- » tance, etc. »

Les inconvénients de ce mode de procéder sont nombreux. Il nous suffira de signaler, avec les chances de perte du testament, les difficultés qui peuvent résulter de ce fait : que si le testament institue légataire universel, un étranger, un absent, le temps qui s'écoulera avant que l'accomplissement des formalités légales ait permis de connaître son nom, laissera celui-ci désarmé pour faire valoir ses droits contre les héritiers présomptifs ou les mercenaires au service du défunt qui, pour

les funérailles par exemple, pourront prendre des dis
positions contraires aux volontés testamentaires ou aux
intérêts pécuniaires de l'héritier.

L'ouverture immédiate du testament par le juge de
paix empêcherait toutes ces difficultés de se produire.

Les frais seraient diminués de plus de moitié, sans
que les garanties pour la conservation des droits des
intéressés fussent moins sérieuses.

En quoi, nous le demandons, l'ouverture du testament et sa lecture par le président du tribunal et sa
description par le greffier, peuvent-ils ajouter aux
garanties qu'offrirait la même procédure suivie par le
juge de paix ?

C'est ainsi qu'en Suisse, le juge de paix procède à
l'ouverture et à la lecture des testaments et les fait
inscrire sur le registre spécial à ces actes.

Dans le canton de Vaud, les testaments sont déposés
après l'homologation — lecture et description par le
juge de paix — aux archives de la justice de paix.

En Italie, le testament est ouvert en présence du
préteur (juge de paix), de deux témoins et du notaire
qui dresse procès-verbal.

En Allemagne, la plupart des Etats admettent le
dépôt des testaments au tribunal du bailliage (justice
de paix) qui les ouvre et délivre les certificats d'héritier.

C'est le juge de paix qui désigne le notaire en l'étude
duquel le testament est déposé.

En Hollande, des règles spéciales sont prescrites pour
les formes des testaments dont le dépôt a lieu chez le
notaire, sans intervention du tribunal. Mais le juge de
paix peut ouvrir tous les plis cachetés trouvés au
domicile du défunt contenant les dernières volontés et
relatifs aux funérailles, aux legs de vêtements, d'orne-
ments, de meubles spéciaux.

En Russie, la procédure est encore plus simple. La
loi n'admet que deux sortes de testaments ; ils doivent
être faits sous seing privé ou par devant notaire.

Si le testament est sous seing privé, il doit être signé
par trois témoins ou même par deux si le prêtre y
prend part.

Le testament peut être déposé à telle personne que
désigne le testateur. S'il porte la mention « ouvrir » ou

« décacheter », il est ouvert en présence des témoins ; à défaut il est envoyé au tribunal d'arrondissement.

Inventaire. — Si la protection des intérêts des mineurs et des absents est au premier rang des obligations que la loi impose au juge de paix, l'inobservation des articles 819 et 1031 du Code civil, 910 et 911 du Code de procédure civile, de l'arrêté du 22 prairial an V, et l'interprétation donnée à l'article 451 du Code civil, rendent cette protection tutélaire inefficace et tout à fait illusoire.

On peut dire avec notre collègue, M. Joly, que la réforme du régime tutélaire s'impose.

Les législations étrangères ne se sont pas bornées à édicter des mesures sans aucune sanction et par suite inappliquées. Elles ont donné aux juges de paix la surveillance effective des tutelles et lui ont conféré des droits que le but à atteindre suffit à justifier.

Dans le canton de Genève, les greffiers, sous la direction des juges de paix, dressent les inventaires dans les successions qui intéressent les mineurs, concurremment avec les notaires. Dans ce dernier cas, les notaires remettent au juge de paix une copie de l'inventaire.

Dans le canton de Vaud, les juges de paix statuent en matière d'absence, pourvoient à l'administration provisoire des biens de l'absent, nomment le curateur, dressent l'inventaire des biens soit pour cause d'absence, soit pour minorité.

Dans le plus grand nombre des Etats allemands, le greffier, sur ordonnance du juge de paix, dresse l'inventaire des successions, notamment dans les cas visés par la loi du 22 octobre 1835 relative aux successions échues aux absents, aux mineurs ou celles des fonctionnaires défunts de l'Etat, de la Commune ou de l'Eglise.

Nous ne pouvons passer sous silence les dispositions de la loi du 31 juin 1889 dans le canton de Vaud, adoptées également par le canton de Neuchâtel, en ce qui concerne le paiement des droits de mutation.

La loi a posé en principe que le Trésor a, comme tous les créanciers d'une succession, ses intérêts à sauvegarder ; chacun, dans un pays démocratique, devant subvenir aux charges de l'Etat, selon ses ressources.

Par suite, le législateur a ordonné que l'apposition des scellés et l'inventaire seront obligatoires dans tous les cas où la succession est assujettie à l'impôt de mutation.

L'inventaire est fait par le juge de paix et le greffier; les frais sont à la charge du Trésor lorsque ces mesures ont pour but unique la perception du droit de mutation dû à l'Etat.

Nous avons eu sous les yeux un de ces inventaires, dressé après le décès d'un négociant, il contenait une évaluation sommaire des meubles et marchandises, il mentionnait les fonds en caisse et donnait les numéros des titres au porteur. Il n'était question ni des qualités ou droits des parties, ni des immeubles ou valeurs nominatives qui, par leur nature, ne pouvaient être dissimulés ou détournés.

Dans notre pays de France, où la diction : *Voler l'Etat, n'est pas voler,* reçoit de si fréquentes applications que la plus grande partie des valeurs au porteur échappe à l'impôt, la loi des cantons de Vaud et de Neuchâtel serait une œuvre d'égalité et de justice sociale, elle est bien faite pour appeler l'attention de nos législateurs et de nos financiers.

Nos lois fiscales semblent ignorer le développement énorme de la fortune mobilière, elles en sont restées à cette conception, vraie en partie il y a un siècle, que la richesse de la France était surtout immobilière. Ceux qui bénéficient de cette erreur se sont bien gardés de la signaler.

M. Yves Guyot *(L'Impôt sur le revenu, p. 255)* évalue la fortune totale de notre pays à 250 milliards, sur lesquels la richesse mobilière serait de 127 milliards et les valeurs mobilières proprement dites et fonds d'Etat de 60 milliards. M. A. de Neymarck, évaluait en 1893, les valeurs négociées en Bourse, à 86 milliards.

Ce n'est pas exagérer que d'évaluer à plus de la moitié les valeurs qui échappent aux droits de succession.

N'avions-nous pas raison de dire qu'il y a dans la réforme que nous demandons une œuvre de justice sociale à accomplir?

*Acceptations bénéficiaires de successions ; renon-
ciations à succession et à communauté.* — Le législateur en imposant les formalités d'acceptation bénéfi-
ciaire de succession ou de renonciation n'a eu d'autre
but que de faire connaître aux créanciers de cette succession la décision de l'héritier.

On peut se demander si le but proposé a été atteint.
Il nous suffira d'examiner les faits pour répondre
négativement.

Les créanciers du défunt, habitent le plus généralement la même commune ou celles environnantes, ce
sont des amis, des voisins auprès desquels il a contracté
des emprunts, c'est son propriétaire auquel il doit des
loyers, se sont des fournisseurs, boulangers, bouchers,
pharmaciens, etc.

Comment connaîtront-ils la décision de l'héritier?
Faudra-il qu'ils ajoutent à la perte trop certaine qu'ils
vont subir d'une partie de leur créance, les frais d'un
voyage au chef-lieu d'arrondissement pour aller voir au
greffe si, oui ou non, la déclaration a été faite, qu'ils se
transportent ainsi à 15 ou 20 lieues de leur domicile?
Oui, telle est leur obligation, c'est la loi qui l'a
voulu.

Généralement, il arrive que les créanciers engagent
des frais de poursuites et c'est seulement à l'audience
qu'on les invite à constater, par eux-mêmes, que les
héritiers ont renoncé à la succession.

Pourquoi ne pas éviter à ces malheureux créanciers
ces déplacements et ces frais?

Pourquoi, aussi, imposer des frais à l'héritier pour
accepter bénéficiairement ou renoncer à une succession
qu'il n'a pas sollicitée?

La solution est fort simple : elle consiste à faire rem-
plir ces formalités au greffe de la justice de paix, ce
sera presque sans déplacement et sans frais.

N'est-ce pas ainsi que l'on procède en Italie, en Allemagne, en Suisse, où cette réforme est depuis longtemps accomplie.

Notre but serait atteint, si, par cet exposé de réformes pratiques nous avions fait entrer dans l'esprit de
tous ceux que n'effraie pas le progrès pacifique, cette
conviction : que l'évolution de la société, dans tout son

organisme, appelle, impose, une transformation de nos institutions.

La déclaration de la Constituante, inscrite au frontispice au Temple de la justice : Egalité, protection aux faibles, sera un vain mot, tant que le Code de procédure civile « réminiscence malheureuse de l'ordonnance » de 1667, produit des vices de tous les régimes, où » s'étalent les subtilités des anciens Romains, où fleurit » la belle et ingénieuse fiscalité », ne cédera point la place à « un régime nouveau où il y aura moins de » formalisme, moins d'embûches pour le bon droit, » plus de simplicité et de loyauté ». (Gislain, *Code des justices de paix*.)

Nos institutions doivent être pénétrées, inspirées, par l'esprit démocratique qui nous gouverne, qui guide nos sociétés modernes dans leur marche incessante vers le Progrès et la Justice.

Dans cette nouvelle organisation, le courant de sympathie qui entoure les justices de paix, ces Tribunaux populaires, œuvre de la Révolution, ne peut que les fortifier et les grandir.

Bordeaux. — Imprimerie J. Durand, rue Condillac, 20.

.

www.ingramcontent.com/pod-product-compliance
Lightning Source LLC
Chambersburg PA
CBHW070712210326
41520CB00016B/4314